Simboliqe Religieuse

COURS D'ISTOIRE UNIVERSÈLE

PROFESSÉ A L'OTEL DE VILLE DE PARIS

PAR

LOUIS MÉNARD

Docteur ès lètres

PARIS

BIBLIOTHÈQUE DE *LA PLUME*

31, RUE BONAPARTE, 31

1898

Simboliqe Religieuse

PANTÉON

Le temple idéal où vont mes prières
Renferme tous les Dieus qe le monde a connus.
Evoqés à la fois dans tous les sanctuaires,
Anciens et nouveaus, tous ils sont venus ;

Les Dieus q'enfanta la nuit primitive
Avant le premier jour de la créacion ;
Ceus q'adore, en ses jours de vieillesse tardive,
La tère, atendant sa rédempsion ;

Ceus qi, s'entourant d'ombre et de silence,
Contemplent, à travers l'éternité sans fin,
Le monde, qi toujours finit et recommence,
Dans l'illusion du rêve divin ;

I

Et les Dieus de l'ordre et de l'armonie,
Qi, dans les profondeurs du multiple univers,
Font ruisseler les flots bouillonants de la vie
Et des sfères d'or règlent les concerts ;

Et les Dieus guèriers, les vertus vivantes
Qi marchent dans leur force et leur mâle beauté,
Guidant les peuples fiers et les races puissantes
Vers les saints combats de la liberté ;

Tous sont là : pour eus l'encens fume encore,
La vois des imnes monte ainsi q'aux jours de foi ;
A l'entour de l'autel, un peuple immense adore
Le dernier mistère et la grande loi.

Car c'est là q'un Dieu s'offre en sacrifice ;
Il faut le bec sanglant du vautour éternel
Ou l'infâme gibet de l'éternel suplice,
Pour faire monter l'âme umaine au ciel.

Tous les grands héros, les saints en prière
Veulent avoir leur part des divines douleurs,
Le bucher sur l'Oita, la crois sur le Calvaire,
Et le ciel au pris du sang et des pleurs.

Mais au fond du temple est une chapèle
Discrète et recueillie, où des cieus entr'ouverts,
La colombe divine ombrage de son aile
Un lis pur, éclos sous les palmiers verts.

Fleur du paradis, Vierge immaculée,
Puisqe ton chaste sein conçut le dernier Dieu,
Règne auprès de ton fils, rayonante, étoilée,
Les pieds sur la lune, au fond du ciel bleu.

L'ORIENT ET LA GRÈCE

Dans les plus lointains souvenirs de l'istoire, nous voyons, aus pâles flambeaus de la tradicion et de la légende, des races puissantes grandir et disparaître. Ces races, étudiées isolément, ont eu leurs périodes de maturité et de vieillesse, mais comparées à cèles qi les ont suivies, èles représentent l'enfance de l'umanité. Avec cete vitalité puissante, cete confiance infinie de l'enfant dans l'avenir, èles creusent des montagnes et taillent dans le granit des monuments éternels. Come l'enfant aussi, étoné et inqiet de la faiblesse de l'ome devant la toute-puissante nature qi l'envelope et le pénètre, l'antiqe Orient en adore les forces énergiqes et sauvages, formes multiples d'une substance infinie, toujours immuable sous ses mile incarnacions, tantot bienfaisante, tantot funeste ; le lion du désert et le mistérieus dragon ont des temples come les astres impérissables qi versent d'en haut leur lumière sacrée et leurs occultes influences.

Cete vie si mobile et si régulière, inconsciente et sure d'éle même, le frape de respect et d'épouvante. Tantot il veut se dégager des bras de cète nature absorbante et terrible, tantot il se précipite, tête baissée, dans le tourbillon de la vie universèle. La grande prostituée de Babylone convie aus fètes de Mylitta les peuples sensuels de la Chaldée. Les forets vierges de l'Inde sont jonchées de pâles anachorètes qi, fermant les ieus au rêve divin, cherchent l'immuable caché sous l'illusion mobile des aparences et s'i noient come dans une mer pour échaper au fardeau des métempsicoses. L'Egypte se couche le long de son fleuve, et dans ses temples de granit où rugissent les monstres de l'Afrique, garde le secret du sfinx éternel. Les races belliqeuses de l'Asie, cherchant la solucion de l'antinomie d'où résulte la vie, acceptent la bataille et entrent dans l'arène où lutent la lumière et les ténèbres, le bien et le mal, l'être et le néant.

La famille est la base de l'organisacion des sociétés orientales. Pour l'enfant, le monde est concentré dans la famille où il trouve la protexion qe sa faiblesse réclame. L'autorité uniqe du père de famille, du patriarche, est absolue et incontestée, parceq'èle est nécessaire. Ses fames et ses enfants lui obéissent parceq'il les protège ; il n'i a là ni droit ni devoir, mais un lien naturel d'afexion et de reconaissance qi n'est jamais contesté. La famille en se multipliant devient la tribu, et l'Orient qi, dans les périodes les plus avancées de sa civilisacion, garde les caractères de l'enfance, ne conçoit d'autre forme sociale que la monarchie. La nature lui ofre le modèle de cète société primitive, soit q'il retrouve le père, la mère et les enfants dans le soleil, la lune et les étoiles, soit qe le ciel et la tère lui représentent le couple divin qi engendre et nourit tous les êtres. Le fond comun de tous les dogmes orientaus est le culte de la force, religion naturèle de la faiblesse et de l'enfance.

Cependant l'enfant grandit ; dans les forets il a dompté les monstres, et le sentiment de sa force lui done la nocion de son droit. La fière jeunesse se fortifie par la lute et prend conscience de sa dignité morale. Dans l'àpre Idumée, si Job se plaint de l'injustice d'Iahweh, le Dieu du désert lui répond : « Où étais-tu, qand j'ai semé les étoiles ? » Job se tait ; un Grec aurait dit : « Seigneur, tu es fort, cela ne te dispense pas d'être juste. » En Grèce, l'ome est si grand qu'il traite les Dieus en égaus. Œdipe se déclare inocent de son crime involontaire, car il n'a pas violé sciament les lois dont parle Antigone, ces lois primitives, écrites dans la conscience umaine. Les Dieus même leur sont soumis, ou plutot ils sont eus-mêmes les lois de la nature et de l'esprit, ils sont l'ordre et la proporcion de l'univers, ces Dieus de l'armonie, incarnés dans le marbre, en vain blasfémés depuis par l'impiété des races barbares, et qi ont révélé au monde l'idée du droit dans la politiqe, l'idée du beau dans l'art. Ce n'est pas la crainte qi les révèle, c'est l'admiracion pour la beauté du monde, et on les onore par le culte libre et facile de l'amour, come il convient aus Dieus de la beauté. Dans les fêtes joyeuses de la moisson et des vendanges, un peuple libre leur ofre le seul omage digne d'eus, le spectacle de son boneur.

RELIGION ET MORALE

Il i a un raport nécessaire entre la morale des peuples et leur religion. Qelqe nom q'il done à ces Dieus, l'Orient n'adore qe la force. Devant les formidables puissances qi l'étreignent et l'écrasent, l'ome umilié ne peut qe suplier et obéir. La loi descend du ciel au milieu des éclairs; le peuple la reçoit à genous et l'exécute en tremblant. Cète loi, c'est la soumission muète : èle a pour uniqe principe l'autorité, pour sanxion la crainte, pour gardien le glaive. Le gouvernement des Etats come celui du monde reproduit toutes les formes du despotisme. Les religions unitaires nient le droit de l'ome et ne lui parlent qe de ses devoirs ; leur morale se réduit à l'obéissance. Iahweh ordone à Abraham d'immoler son fils : il obéit, et son obéissance lui est imputée à justice. Devant la toute-puissance divine, la moralité disparaît avec la liberté. Le monotéisme aboutit à l'inercie de la résignacion et au fatalisme de la grâce. Le pantéisme enferme chaqe partie du grand tout dans une prédestinacion irrésistible come dans une cèlule close. Astre ou plante, ome ou bète, chaque être a sa fonxion dans le grand corps du monde come chaqe membre a sa fonxion dans le corps umain, et le Çudra ne peut pas plus remplir le rôle du Brahmane qe les membres celui de l'estomac. Le Code de Manou réduit la morale sociale au respect de la hiérarchie des castes.

A peine les dogmes de l'Orient ont ils touché le sol de la Grèce q'ils sont transformés. L'ome cherche son idéal en lui-même. Cet idéal, c'est l'armonie qi se révèle aus sens par les proporcions du corps umain, à l'esprit par la conscience du droit. Regardant autour de lui, l'ome retrouve l'idéal umain dans l'ordre universel, κόσμος. Cete révélacion de l'Ordre, c'est la loi ; dans le monde fisique c'est la beauté, dans le monde moral c'est la justice. Au lieu de voir dans la nature des forces aveugles, l'ome i voit des lois vivantes ; ces lois sont les Dieus. Il les conçoit à son image : les Dieus d'Omère ressemblent à des héros et les héros s'élèvent au rang des Dieus. Le politéisme grec naît de la poésie et la cité s'ordone come un poème. La loi ne descend pas d'en haut, èle naît du concours armonieus des volontés unies ; ele est la sauvegarde et le lien vivant des droits individuels. Ele a pour principe l'égalité, pour but la liberté, pour gardien le devoir, pour sanxion la conscience, pour forme la républiqe.

MORALE SOCIALE

La morale, fruit spontané de la conscience umaine, est la conaissance du juste et de l'injuste et distingue l'ome de tous les autres êtres. Ele a pour base la réciprocité des droits et des devoirs. De même qe les lois divines maintiènent l'armonie du monde par l'éqilibre des forces, la morale, loi spéciale de l'ome, limite le droit de chacun, qi est la liberté, par le respect du droit d'autrui, qi est le devoir, du nom de l'égalité, qi est la justice. Droit et devoir sont des termes corrélatifs qi n'ont de sens qe l'un par l'autre. Aus deus formes du droit, la liberté et l'égalité, répondent les deus formes du devoir, le courage et la justice. La liberté qi se défend contre l'agression se nome le courage ; l'égalité qi se maintient contre l'usurpacion se nome la justice. Ce sont les deus grandes vertus sociales : la justice est la garantie du droit, le courage en est la sauvegarde. L'ordre social naît du libre concours des volontés ; l'autorité de la loi s'apuie sur le consentement de tous ; ele a pour garantie la religion du serment.

La pluralité des causes est le principe fondamental du Politéisme. La destinée, cet ordre abstrait produit par le concours des forces naturèles, laisse la volonté de l'ome indépendante et souveraine. Toute axion umaine a deus causes, come tout mouvement est la résultante de deus forces. De ces deus causes, l'une est notre volonté, l'autre, indé-

pendante de nous, comprend toutes les influences
extérieures dont la destinée est l'expression collective. Les Dieus nous envoient les passions come ils
nous envoient les maladies, mais le mal n'est qu'une
épreuve pour notre courage; non seulement la
lute est permise, mais c'est en lutant contre les
Dieus qe le plus grand des héros, Hèraclès, a conqis sa place dans l'Olympe. Fussions-nous vaincus,
nous resterons purs, come Œdipe, qe la fatalité a
fait incestueus et paricide, et qi se proclame inocent
devant les lois divines, car il ne les a pas violées
volontairement. Ainsi, en dehors de l'enchaînement
inflexible des causes, la Grèce élève dans l'âme
umaine le temple de la liberté. A la nature et à
ses lois immuables, èle opose fièrement la loi spéciale de l'ome, la morale. Le principe de la pluralité des causes concilie aussi facilement le libre
arbitre avec la prescience divine q'avec la destinée.
L'usage continuel qe les Grecs faisaient des oracles
ne les portait jamais à s'endormir dans la confiance
ou dans le désespoir, car les réponses des oracles
sont des conseils et non des ordres. De même
q'une mère conduit les pas de son enfant, mais ne
marche pas pour lui, les Dieus ne forcent pas la
libre volonté de l'ome. Ce ne sont pas des maîtres,
mais des protecteurs et des amis. C'est ce qi donait
à la piété des Grecs un caractère de noblesse et de
dignité inconu partout ailleurs.

POLITÉISME INDO-EUROPÉEN

Il n'i a pas de races pures dans l'istoire, il n'i a
qe des croisements plus ou moins eureus. Il est

réconu aujourdui que les Indiens, les Perses, les Grecs, les Romains et les principaus peuples de l'Europe apartiènent par leurs langues, leurs caractères fisiqes et leurs religions à un rameau de la race blanche, les Aryas, dont on place le berceau sur les plateaus de la haute Asie. Des tribus issues de cette famille se sont répandues en Grèce par la Thrace, la Macédoine et l'Epire. Des colons partis de l'Egypte et de l'Asie s'i établirent aussi à des époques indéterminées, mais ces éléments secondaires furent absorbés par l'élément princip... c'est-à-dire par les tribus qi parlaient la lang... .èqe. En même temps qe leur langue, ces tr... .s aportèrent avec èle leur religion, le politéi... .e. C'est la religion naturèle de toute la race indo-europêène, mais entre les branches de cete race il i a des diférences qui se sont accentuées à travers les siècles, et les transformácions politiqes ont réfléchi cèles de la pensée religieuse. Les castes se sont constituées dans l'Inde en même temps que le politéisme de la période védiqe était absorbé dans l'unité du Pantéisme brahmaniqe. Le dualisme iranien, qi n'est q'une aténuacion du Monotéisme, repond à la monarchie féodale des Perses. Seuls les Grecs et les Romains restèrent fidèles au Politéisme originel et conservèrent leurs institucions républicaines pendant toute la période ascendante de leur istoire; c'est seulement à l'époqe de la décadence qe les dogmes unitaires envahirent à la fois la politiqe et la religion. Qelqes amis de l'antiqité ont voulu la rendre agréable à leurs contemporains en cherchant du monotéisme dans sa mitologie. De ce q'on trouve qelqefois dans les auteurs le mot θεός, ou le mot *deus* au singulier, il ne faut pas conclure qe les Grecs et les Romains admétaient l'unité divine. Ils disaient le Dieu en général comme nous disons l'ome en général, sans suposer pour cela qu'il n'existe qu'un seul ome.

LES LOIS ÉTERNELLES

C'est chez les Grecs qe le politéisme a trouvé sa forme la plus parfaite, mais le sanskrit, qi est la langue des aînés de notre race, a conservé la plus anciène expression du divin. Les Aryas de l'Inde invoquaient les Dévas, c'est-à-dire les Lumières, de la racine *div*, briller. Ce mot se retrouve dans le latin *divus*, qi a le sens de divin, et dans le grec δῖος, qi signifie brillant, illustre ; mais c'est à tort qe les linguistes ont voulu rataCHer le mot Θεός à la même racine. Omère dit souvent δῖα θεάων, la brillante ou illustre Déesse, il ne dit pas θεῖα θεάων, la divine Déesse, ce qi serait un pléonasme. La véritable étimologie du mot grec Θεός a été donée par Érodote. Selon lui, les Pélasges, les Grecs primitifs, avant de conaître les noms propres des Dieus, les apelaient en général θεούς, c'est-à-dire les ordonateurs, les lois, à cause de l'ordre q'ils établissent dans l'univers, ὡς κόσμῳ θέντες τὰ πάντα. La racine de Θεός est donc θέω, τίθημι, établir, poser, fonder, régler, d'où on peut tirer aussi Θέμις, le principe de l'ordre, θεσμός, la règle établie, θῆτές, les travailleurs qi constituent la cité, Θησεύς, nom propre du fondateur de la démocracie d'Athènes. La nocion de l'ordre universel est particulière à la Grèce. Dans l'alternance régulière des saisons, dans l'éternèle sinfonie du Cosmos, les Grecs trouvèrent la révélacion de la loi. Les Olympiens ne sont pas les lumières du ciel, come les Dieus védiqes, ils sont les lois d'ordre, de proporcion et d'armonie qi se révelent à nos sens par la beauté, à notre esprit par la justice. C'est la religion qi convenait à une race artiste et républicaine. L'art grec et la morale grèqe sont les conséquences magnifiqes des principes fondamentaus de l'Ellènisme, la pluralité des causes, l'indépendance des forces et l'armonie des lois.

Les causes inconues qi sont à la fois les lois fisiqes du monde et les lois morales des sociétés, l'ome les conçoit à son image parce q'il trouve en lui le tipe d'une volonté libre, d'une loi qi se conaît èle-même. Ainsi, au lieu de chercher, come en Orient, un idéal divin dans la nature extérieure ou au-dessus d'èle, l'ome le trouve en lui-même. Cet idéal, qi se révèle aus sens par la beauté, à l'esprit par la conscience du droit, il en revêt, come d'un man-teau de lumière, les principes cachés de l'ordre universel, qi sont les Dieus, c'est ce qe la langue filo-sofiqe apèle antropomorfisme. Entre les Dieus et l'ome, la mort met un abîme qi semble infranchis-sable ; mais la religion grèqe comble cet abîme par le dogme rassurant de l'apotéose. La Grèce avait un sentiment trop profond de la dignité umaine pour ne pas déveloper cette noble croyance de l'immortalité de l'âme qi, par le culte des morts, ratache le présent et l'avenir au passé. Tandis que les patriarches bibliqes s'endorment à côté de leurs pères, les héros grecs conservent au-delà du tom-beau une vie indépendante. Protecteurs des familles, gardiens vigilants des cités, ils veillent sur leurs descendants, et le peuple qi les invoque le matin des batailles onore leurs tombeaus come des temples et mèle leurs louanges à celles des Dieus.

On a cru longtemps qe les religions étaient

l'œuvre des prêtres et qe la téocracie répondait à l'enfance des sociétés. C'est une double erreur qe l'étude scientifiqe des religions ne permet plus de soutenir. La famille est la molécule de toutes les sociétés umaines; ce qu'on trouve à l'origine de l'istoire des peuples, ce n'est pas la téocracie, c'est l'état patriarcal. Les religions ne sont pas plus l'œuvre des prêtres qe les langues ne sont cèle des grammairiens. L'imaginacion populaire a créé la mitologie, langue naturèle des religions, come èle a créé la langue grammaticale. Spontanément, come l'oiseau chante, èle done aus croyances naissantes la forme poétiqe du simbole, come elle exprime par des images les idées générales qi s'éveillent dans l'esprit au contact des aparences. La tradicion maintient les formes du culte et les transmet d'une généracion à l'autre. La direxion du culte privé apartient au chef de la famille; le dépôt des rites tradicionels du culte public est confié au sacerdoce qi partout, excepté dans la Grèce antiqe, forme un corps spécial dans l'État. Tantôt le sacerdoce se transmet de père en fils, dans certaines familles privilégiées qi forment une caste éréditaire, les Brahmanes dans l'Inde, les Mages en Perse, les Chaldéens à Babylone, les Lévites en Judée; tantôt il se recrute par l'iniciacion individuele, come dans le Bouddhisme et le Cristianisme. Chez les Romains la direxion du culte public apartenait aus chefs de famille; en Grèce, cete fonxion était remplie par les magistrats en exercice. Il i avait des sacristains, ἱερεῖς, il n'i avait pas de prêtres. En réduisant le sacerdoce à son véritable rôle, la garde des tradicions, l'entretien des temples et l'acomplissement des cérémonies du culte public, les Grecs ont écarté le danger des lutes religieuses. Il n'i a pas trace, dans toute l'istoire grèqe, d'une faxion sacerdotale, il n'i avait pas d'érésie, parce q'il n'i avait pas d'ortodoxie. Les modernes ne se figurent pas facilement une religion sans église et sans livres sacrés, ou le dogme, éclos spontanément dans la pensée populaire, était livré dans son expression à la fantaisie arbitraire des poètes, les premiers téologiens de l'Ellènisme, et dans son interprétacion aus sistèmes des filosofes, ses derniers iérofantes; une religion mobile, variant d'une comune à l'autre, ou le culte réglé par l'État, c'est-à-dire par le peuple, puisque la Grèce fut toujours républicaine, consistait en sacrifices, en luttes gimniqes et en représentacions scéniqes où les Dieus jouaient un rôle et permètaient aus poètes comiqes de rire à leurs dépens sans le moindre soupçon d'impiété. Pour juger une religion si oposée à nos abitudes et pour lui rendre la justice à laqèle a droit toute pensée qi a fait vivre l'umanité pendant des siècles, il faut en observer les résultats; l'istoire nous les montre dans l'art grec, fruit naturel de la religion de la beauté, et dans ces cités républicaines où toutes les formes de la liberté furent essayées et pratiqées, dans ces sévères principes de morale sociale qi produisirent de si grands omes et, ce qi vaut mieus, de si grands peuples.

SIMBOLIQE DE L'ELLÈNISME.

La mitologie est la langue naturèle des religions. Sous des formes poétiqes et plastiqes, èle personifie les Idées mères, ces principes latents et vir-

tuels de toute existence, qi résident au sein de la
Nuit primitive, mère des Dieus. La science, qi ad-
met des molécules indivisibles, mais étendues, qi
personifie le caloriqe, qi croit aux deus fluides
électriqes, qi expliqe la vie minérale par l'affinité,
come si un mot expliqait un fait, sourit dédaigneu-
sement des Grecs, qi rêvaient une Dryade dans
chacun des chênes de Dodone et une Néréide dans
chaqe flot de la mer ; pourtant les concepsions an-
tiqes renferment une nocion plus juste de la vie
universelle que toutes nos abstraxions mortes, et
ont de plus l'avantage de fournir des tipes à la pein-
ture et à la statuaire. Selon la diférence des formes
donées aus idées on formule des lois fisiqes ou
on crée des œuvres d'art. Il est permis d'être à la
fois de l'avis de Newton et de l'avis de Fidias.

Tant qe les dogmes vivent dans la croyance des
peuples, les Dieus ont une vie propre aussi perso-
nèle qe cèle de l'ome, qi ne peut les concevoir q'à
son image puisqe l'ome est le tipe d'une force libre
et d'une loi consciente. Leurs atributs sont multiples come nos facultés. Ainsi Zeus n'est pas seulement l'air vital qi nourit tout les êtres, le Dieu
dont les mile imens se retrouvent dans les innom-
brables combinaisons de l'Oxigène, le roi de la
foudre, qi descend en rosée bienfaisante dans le
sein de la tère féconde (*conjugis in gremium
laetae descendit*), il est aussi le principe de l'ordre
universel, le vainqeur des Titans, c'est-à-dire le
modérateur des forces cosmiqes, et dans un sens
plus exclusivement moral, le principe de la justice,
base de toute société, source de toute vertu. La foi
naïve des races jeunes se contente du côté poétiqe
des simboles. Quand le peuple d'Athènes allait en
pèlerinage au temple des Grandes Déesses d'Éleusis,

les poètes lui racontaient l'enlèvement de Corè par Aïdes, la douleur de sa mère et le retour de Corè à la lumière céleste. Cette légendé sufisait au peuple, qi se retirait en remerciant la Mère bienfaisante, à laqèle il devait le blé, nouricier de l'ome. Mais il i avait aussi des esprits inqiets de la destinée humaine ; pour eus, Corè n'était pas seulement la végétacion, fille de la tère, qi meurt pendant l'hiver pour ressusciter au printemps ; c'était l'âme qui retrouve une vie nouvèle au-delà du tombeau. Au dernier acte de l'iniciacion, l'iérofante montrait aux mistes un épi de blé coupé en silence, gage des promesses divines, simbole de renaissance et d'immortalité.

Qand les races vieillissent, l'esprit se sépare du corps, l'idée, pour se dégager, rejète l'image, la science brise l'urne du simbole où s'abreuvaient les peuples jeunes et forts. En qitant leur envelope de poésie, les vérités d'intuicion arrivent à la conscience d'èles-mêmes. Est-ce une mort, est-ce une résurexion ? Qand l'erméneutiqe stoïcièe découvrait un sistème de fisiqe religieuse dans l'Ellènisme, qi était vivant à cette époqe, on lui objectait qe les prières dans les temples s'adressaient, non à des simboles, mais à des réalités ; la même objexion m'a été faite quand j'ai montré une psicologie religieuse dans la mitologie crétienne. On évite d'apliqer à une religion vivante le scalpel q'on emploie sans scrupule pour une religion morte ; ce n'est plus de l'anatomie, c'est de la vivisexion, et on craint d'entendre des plaintes, comme une vois d'Amadryade s'exalant du chêne dont on soulève l'écorce. Rassurons-nous ; ce n'est pas blasfémer les Dieus qe de les élever dans la sfère idéale, au-dessus des formes fugitives, des incarnacions passagères de leur éternèle pensée. Les Dieus ne peuvent mourir, et quand on croit avoir scèlé la pière de leur sépulcre, il ressuscitent dans leur gloire, come aux jours où devant cete éblouissante lumière du XVIᵉ siècle, le monde à salué la renaissance des anciens Dieus.

RÉVÉLACION SPONTANÉE

Dans l'enfance des peuples, l'existence de l'ome est encore confondue avec cèle de la nature ; les puissances extérieures l'envelopent et le pénétrent ; il les sent en lui et hors de lui, il les voit, il les entend, il les respire ; chaqe mouvement, chaqe sensacion l'imprègne d'une vie divine. Ce caractère profondément religieus de la jeunesse de l'umanité est très dificile à comprendre dans une société vieillie ; on le laisse aler trop souvent à traiter de matérialisme grossier et de fétichisme absurde les témoignages naïfs de cete perpètuèle adoracion des causes inconues, les expressions vives et sincères de la religion des premiers jours. L'éclosion spontanée de l'idée religieuse devant la nature se révèle par ces alternatives de joie et de crainte qi caractérisent les grands étonements de l'enfance. C'est à la fois une reconaissance sans bornes pour l'immense bienfait de la vie, et la vague inqiétude q'inspire à l'ome la conscience de sa faiblesse en présence de tant de grandeur.

Dans la prédominance d'un de ces deus sentiments, se dessinent déjà les disposicions natives des races ; chacune garde la trace inéfaçable de ses premières impressions. On comprend la terreur umiliée

de l'ome dans les déserts de sable, où une seule force
vivante, le Simoun, celui dont la colère est un feu
dévorant, emplit de son immensité les muètes solitudes. Mais ce n'est pas la crainte qui a révélé les
Dieus de la Grèce ; pour cète race eureuse, née sous
un ciel clément, bercée par la vois des sources chan-
tantes, caressée de fraîches brises, sur la mousse
umide des bois, le premier réveil fut un enchante-
ment, la première parole une bénédixion. Les
Aryas de l'Inde, ces frères aînés des Grecs, ont
conservé dans leurs imnes un écho de ces admira-
cions joyeuses devant la beauté du monde. C'étaient
des élans sans fin, des extases toujours nouvèles,
l'éclatante gaîté de l'enfant qi joue au soleil, eureus
de se sentir vivre, tendant la main vers tous les
trésors qui l'entourent, saluant de la vois toutes
les magnificences de la tère et du ciel.

ARYAS ET SÉMITES

La diversité des èfets a conduit la race indo-européène au principe de la pluralité des causes. Il
en a peut-être été de même au début pour la race
sémitiqe ; mais le politéisme originel n'a laissé qe
de faibles traces chez les Ébreus. De très bone
eure tout s'éface pour eus devant leur Dieu na-
tional, le vent brûlant du désert, celui q'on ne
peut voir en face sans mourir : « Qi est come toi
parmi les Dieus, Iahweh, magnifiqe en sainteté,
terrible dans la gloire, faisant des merveilles ? »
Bientôt, même, obligés de se raidir contre les puis-
sants voisins qui veulent les absorber, ils font du
Dieu de leur race, non seulement le Dieu suprême

mais le Dieu uniqe : « Iahweh, Dieu d'Israel, assis sur les Chroubim, tu es le seul Dieu de tous les royaumes, tu as fait le ciel et la terre. » Les Grecs, au lieu de s'arêter à l'unité de la substance éternèle, distinguent les qalités premières, créatrices de ce monde multiple, car les choses n'existent qe par les diférences qui permètent de les conaître et de les nomer. Les noms propres des Dieus sont des épitètes exprimant l'atribut distinctif de chacun dés principes de l'univers. Les religions, come les langues, portent l'empreinte du génie et du caractère de chaqe peuple. Si on ne conaissait ni la religion des Juifs ni cèle des Grecs, en comparant la poésie ébraïqe, si sobre d'adjectifs, à la richesse d'épitètes de la langue d'Omère, on devinerait qe la première est dominée par l'idée de la substance et de l'unité, la seconde par cèle de la diversité et de la forme.

Le caractère des peuples se traduit par leurs langues ; ainsi les Elohim sont les Forces, et de bone cure les Ebreus arivent à l'idée d'une puissance uniqe, d'une monarchie divine. Pour les Indiens, les Dieus sont les lumières, Dévas, et de bone cure les Indiens s'absorbent dans la contemplacion et arivent au pantéisme. Pour les Grecs, les Dieus sont des Lois vivantes. Cette concepsion du divin, particulière à l'Ellènisme, dépasse de bien loin cèle des peuples barbares. Les Dieus de la Grèce sont les Lois éternèles qi se révèlent dans le monde fisique par la beauté, dans le monde moral par la justice. Cet idéal de la loi, la Grèce l'a réalisé par des œuvres qui ne seront jamais dépassées, les créacions de la poésie et de la sculpture et les constitucions républicaines. Le Politéisme représente l'univers come une républiqe réglée par un ritme

divin, come un grand chœur de danse, come une
éternèle sinfonie. Placée entre les dogmes de l'antiqe Orient, qi ne cherchaient le divin qe dans la
nature, et les religions modernes qi ne le cherchent
qe dans l'âme umaine, la Grèce envelope ces deus
ordres d'idées dans une sintèse armonieuse. Aus
époques primitives, les Dieus s'étaient révélés come
lois fisiqes de l'univers; depuis l'établissement des
républiqes, ils se révélèrent come lois morales des
sociétés. Dans la nature ils maintiènent l'éqilibre
par la pondéracion des forces; dans la répuliqe,
ils limitent le droit de chacun par le respect du
droit d'autrui, qi est le devoir, au nom de l'égalité.
Tel est le double caractère qe les Grecs atribuaient
aus Dieus, la double forme de l'idéal, c'est-à-dire de
la loi.

LES GRECS ET LES JUIFS

Les Grecs et les Juifs sont les représentants de
deux races profondément diférentes : la race indo-
européène et la race sémitiqe. C'est l'exemple
le plus curieus de ce q'on peut apeler la polarisacion
dans l'istoire; c'est une antinomie comparable à cèle
q'on observe en zoologie entre le tipe des Vertébrés
et celui des Articulés; le peuple grec et le peuple
juif sont exactement l'inverse l'un de l'autre. Ce
contraste se manifeste dans la religion et dans la
langue, dans le caractère intellectuel et dans la
morale sociale, dans l'évolucion des idées, et dans le
dévelopement istoriqe. N'eût-on conservé q'une
page d'Omère et une page de la Bible, on devinerait, à la prédominance de l'adjectif dans le grec,

du substantif dans l'ébreu, les génies oposés des
deus races, le politéisme de l'une, le monotéisme
de l'autre. Les Grecs ont distingué, dès l'origine,
les qalités premières, créatrices, des choses, car
sans le nombre et la diférence, ce monde multiple
n'aurait jamais existé ; les Juifs, de Moïse à Spinosa,
se sont enfermés dans l'unité de la substance
éternèle.

Les Grecs, par leur sentiment profond de la diversité, ont découvert ces lois d'ordre, de proporcion et d'armonie qi se traduisent par la beauté
dans la nature, par la justice dans les sociétés
umaines ; l'aspiracion incessante des Juifs vers l'u-
nité leur fait réduire la loi à la volonté divine, la
morale à l'obéissance, la politiqe à l'autorité. D'un
côté, des citoyens libres, associés pour la défense
de leurs droits, de l'autre, des tribus consacrant
leur comunauté d'origine et leur patriotisme jalous
par une religion exclusive, sous la surveillance
d'une téocracie gardiène des révélacions d'en haut.
Pendant qe la républiqe s'établissait dans toutes les
cités grèqes, les tribus israélites forçaient Samuel à
leur dôner un roi. Pendant qe la race ellèniqe
semait ses colonies sur toutes les côtes, Israël,
fuyant le contact des incirconcis, s'entourait de l'in-
franchissable barière de sa foi religieuse. Tandis
qe la Grèce ateignait l'apogée de l'art, posait les
bases de la science et essayait toutes les formes
de la liberté, la Judée proscrivait l'art au nom de
l'unité du dogme, dédaignait les sciences de
l'Égypte et de l'Assyrie, et tous les éforts de sa
politiqe se bornaient à concilier l'autorité monar-
chiqe avec l'autorité sacerdotale. De la rencontre
de ces deus éléments devait sortir la religion du
monde moderne.

SOURCES MULTIPLES DU CHRISTIANISME

La grande révolucion religieuse qi partage en deus les peuples de l'Europe présente, au premier abord, le spectacle étrange d'une société justement fière de sa supériorité incontestée qi, tout à coup, se soumet volontairement à la dominacion intellectuèle d'une race inférieure. Le Dieu des Crétiens naît et meurt en Judée; ses premiers disciples, juifs come lui, portent son culte en Égypte, en Asie Mineure, en Grèce, en Italie, et en moins de trois siècles le cristianisme est devénu la religion de tout l'Empire romain. Une conversion si rapide se comprendrait chez une populacion barbare peu atachée à ses vagues tradicions; mais qe les peuples les plus civilisés du monde aient pu renier ainsi leur passé et abdiqer leur suprémacie morale devant une petite nacion dispersée, réduite à une condicion presqe servile, c'est là un fait invraisemblable, uniqe dans l'istoire. Cependant le miracle disparaît quand on étudie le milieu où s'est dévelopé le Cristianisme et les causes qi en ont préparé l'avènement. La religion grèqe, depuis longtemps déjà transformée par la filosósofie, s'altérait chaqe jour davantage par son mélange avec les religions de l'Orient qi débordaient confusément sur l'Europe. Le Cristianisme représente le dernier terme de cète invasion des idées orientales en Occident, mais il n'est pas pour cela un rameau détaché du Judaïsme. Il a emprunté ses éléments à toutes les religions anciènes et en a formé une construxion nouvèle et originale, en leur donant une importance proportionèle à la vitalité qu'ils avaient conservée au moment de cète transformacion.

On a l'abitude de négliger sistématiquement ces emprunts ; on croirait faire injure au Cristianisme si on en cherchait l'origine dans les religions qu'il a remplacées, on aime mieus n'i voir qu'une érésie juive, et dès lors on ne peut s'expliqer, ni pourquoi les Juifs l'ont repoussé si obstinément, ni coment il a pu être accepté par les Grecs et les Romains. Sans doute il i a un élément juif dans le Cristianisme, mais s'il n'avait pas ses sources principales dans les plus anciènes croyances des peuples de l'Europe, il n'aurait jamais pu devenir la religion de ces peuples, parce qu'il eût été étranger à leur caractère et à leur génie. C'est là qu'il faut chercher les afluents générateurs du grand fleuve crétien ; si on les subordone à la source juive, on comet la même erreur qe les géografes qi ont fait du Missouri un tributaire du Mississipi, tandis qu'il en est la branche principale et le véritable fleuve.

SINTÈSE CRÉTIÈNE

Si le Cristianisme s'en était tenu aus prédicacions de ses premiers apôtres, il n'eût été q'une petite secte juive qi se serait éteinte obscurément, come les Ebionites. La prédicacion de saint Paul repose sur le dogme de la résurexion : c'est un emprunt à la mitologie égypsiène et à la mitologie mithriaqe. La métafisiqe exposée au début de l'Évangile de saint Jean est empruntée au Poimandrès d'Ermès Trismégiste, on peut même remonter jusqu'à Timée. Les dogmes de la chute, de l'incarnacion et

de la rédempsion ont leur sources dans les mito-
logies indo-européènes. Il est vrai qe les crétiens
ont voulu ratacher la chute de l'ome, et par suite la
rédempsion, à la mitologie ébraïqe, mais il a falu
pour cela voir dans le serpent une incarnacion du
Diable et faire ainsi un emprunt à la mitologie maz-
déene. La révolte et la chute des Anges est une
fable indo-européène, dont on peut suivre la trace,
soit dans l'Inde et la Perse, soit dans la poésie
grèqe, depuis la tradicion épiqe des Titans et des
Géants jusqu'à la démonologie d'Empédocle.

Les Mages invoqaient Mithrès, le médiateur entre
Ormuzd et Ahriman, celui qi doit concilier le dualisme éternel; et guidés par une de ces étoiles
mistérieuses q'adoraient leurs pères, ils arivent
devant une crèche et présentent l'or, l'encens et la
mire au Dieu nouveau-né, Puis sa mère le conduit
en Égypte : « Le reconnaissez-vous, dit-èle aus
prètres? Depuis longtemps vous l'avez vu entre mes
bras, dans vos temples; c'est de lui qe je disais :
« Le fruit que je porte est le soleil. » — Nous le
reconaissons aussi, disent les Sages de la Grèce ; c'est
le Verbe de la Sagesse incréée, l'éternèle Raison,
qi éclaire tout ome en ce monde, et qui était aparue
sous forme d'une vierge armée, sortie du front de
Zeus, avant de s'incarner dans le sein d'une vierge
juive. C'est bien lui q'anonçait la profécie de Virgile,
écho des vieus oracles. Nous reconaissons la vierge
et le nouveau-né qi descend des hauteurs du ciel
pour ramener l'âge d'or après l'âge de fer. Voici le
renouvèlement du monde anoncé par Esiode, le
poète de Kymè :

Ultima Cumaei venit jam carminis aetas,
Magnus ab integro saeclorum nascitur ordo.

Le serpent va mourir ; partout se montre l'agneau revêtu de la pourpre ; partout germe l'amomum d'Assyrie, Hom, le Dieu de l'antiqe Aryane, le pain céleste, qi nourissait tous les êtres aus agapes de la comunion primitive.

Et le Dieu nouveau prend possession des temples ; son royaume n'est pas de ce monde, il est roi du monde intérieur, et il révèle les mistères de l'âme, la lute éternèle contre les passions égoïstes et la rédempsion par le sacrifice de soi-même pour le salut de tous.

Mais la loi nouvèle est sévère ; loi d'abnégacion, de renoncement à toute joie. Le faible s'i soumet et soufre, le fort la brave et oprime. La vie est condamnée, la tère est une valée de larmes, les saints vont s'entèrer aus solitudes, et les Dieus d'autrefois, les Dieus eureus de la jeunesse se changent en Démons tentateurs pendant les longues nuits du cloître. Le jugement dernier se fait bien atendre ! qand donc retentira la trompète de l'archange, qi doit déchirer l'oreille des tirans? Nous demandions un Dieu umain, et déjà le médiateur est trop haut pour nos humbles prières ; qi les portera jusqu'à lui? Ce sera sa mère, la reine des anges, l'idéal féminin des races chevaleresqes du moyen âge, la vierge étoilée, propice et lumineuse qe nul n'invoqe en vain.

TRANSFORMACION DES CROYANCES

En même temps qe les croyances de l'Orient pénétraient en Grèce, la filosofie grèqe envahit l'Orient. D'Alexandrie, placée sur la limite des deus mondes, et peuplée de Juifs, d'Égypsiens et de Grecs, sortit le dogme nouveau qi devait être la sintèse du passé. Il naît de la filosofie, comé le politéisme était né de la poésie. Le Dieu de la filosofie, cète lumière qi éclaire tout ome en ce monde, et en qi se confondent la parole divine et la raison umaine, c'est l'Ome-Dieu, fruit de l'Union de la pensée grèqe et de l'âme religieuse de l'Orient. A la Trinité d'Ermès Trismégiste, saint Jean ajoute l'incarnacion du Verbe, et le dogme chrétien est fondé. L'Égypte avait conçu, dès les temps préhistoriqes, l'idée d'une monarchie divine ; la Judée i était arrivée par l'exaltacion du sentiment nacional, la Grèce s'i résignait depuis l'écrasement des républiqes par la monarchie macédoniène. Le Cristianisme fit de l'unité divine la clé de voûte de son dogme et grèfa le symbole de l'Ome-Dieu sur l'arbre fatal du monotéisme, qi étoufe la vie sous son ombre. A côté du culte des vertus umaines, il mit le culte de la force ; à côté, presqe au-dessus du Fils de l'ome, du Dieu rédempteur, le Dieu jalous du désert, le Simoun qi balaie tout devant sa face, le Dieu exterminateur de la Bible et du Coran.

Le Judaïsme est une religion nacionale, un pacte entre Israël et son Dieu. Le peuple juif s'enferme avec un soin jalous dans le patrimoine exclusif de sa loi et repousse de son sein la foule des incirconcis, tandis qe le Cristianisme s'est anoncé dès l'origine come religion universèle et n'a jamais cessé d'apeler à lui les omes de toutes les nacions. Considéró dans ses dogmes, le Cristianisme q'on représente come le complément de la religion juive, en est plutôt l'antitèse. Le trait dominant du Judaïsme, c'est la hauteur où il place l'idée divine ; entre son Dieu et l'ome, la distance est infinie : le Cristianisme, au contraire, a pour dogme fondamental l'adoracion de l'Ome Dieu.

Dans la mitologie crétiène, la part des Juifs est bien moins importante que cèle des Grecs, à peu près egale à cèle des Égyptiens et des Perses. Les Juifs peuvent à peine revendiqer Dieu le père, car le père de Jésus, dans l'Évangile, ressemble moins à Iahweh, qi n'aime qe les Juifs, q'à Zeus, très bon, père comun des Dieus et des omes. Mais les Judéo-crétiens, premier noyau de l'Église crétiène, ne pouvaient renoncer aus tradicions juives. Qoiqe les Juifs n'aient pas reconu Jésus pour leur Messie, l'Église a fait de leur Bible la sainte Écriture, de leur religion nacionale une religion universèle, qi a imposé leur Dieu uniqe à l'adoracion du monde. Cète adopsion de leur idéal religieus par une race supérieure valait mieus qe la suprémacie temporèle q'ils atendaient d'un nouveau David. La piére q'ils ont rejetée de leur temple, la Grèce l'a ramassée et i a taillé une statue pour son pantéon. De leur Messie crucifié èle a fait un Dieu, et cète incarnacion du divin dans l'umanité creuse un abîme entre les Sémites et les Aryas. Le dogme indien de l'incarnacion se confond dans le symbole du Crist avec le dogme grec de l'apotéose. Come Vishnou, c'est un Dieu qi se fait ome pour sauver le monde, come Eraclès, c'est un ome qui escalade le ciel par sa vertu. Autant les Juifs, abitués à distinguer profondément la nature divine de la nature umaine, devaient repousser avec orreur l'idée de l'incarnacion, autant cète idée devait sembler naturèle aus Grecs, qi avaient toujours cherché le divin dans l'umanité.

Soumètre un Dieu aux misères umaines, et surtout à la mort, eût été pour les Juifs le plus impie de tous les blasfèmes, mais il n'avait rien qi pût étoner les Grecs. Ils trouvaient dans leurs plus vieilles légendes des Dieus blessés, des Dieus enchaînés, des Dieus réduits en esclavage : Apollon avait gardé les troupeaus d'Admètos ; Eraclès avait acompli ses travaus pour obéir aux ordres d'Eurystheus, son maître, et n'était arivé à la divinité qe par l'apotéose, car il était mortel comme tous les demi-Dieus. Les religions mistiqes, qi remplissent les derniers siècles de l'Ellènisme, et qi toutes, excepté la religion éleusiniène, venaient d'Asie, come le Cristianisme, avaient pour fond comun, come les mistères du moyen âge, le simbole de la mort et de la résurexion d'un Dieu. Les cultes mistiqes ont été la préface du culte crétien, qi a emprunté aus mytères d'Éleusis et aus mistères orfiqes la comunion du pain et du vin. Le simbole crétien est une aplicacion de la doctrine d'Evhémère, qi représentait les Dieus come des héros adorés pour leurs vertus. Le Dieu de la mitologie crétiène n'est pas rélégué dans le lointain des époqes fabuleuses : on l'a vu, on l'a touché, et le plus incrédule a mis un doigt dans ses plaies. L'Évhèmèrisme ne pouvait aler plus loin : le divin n'entrait pas seulement dans l'istoire, il prenait pied dans la réalité comtemporaine, et la religion nouvèle alait vivre de ce qi avait tué l'anciène religion. Si le Nazaréen est un personage réel, l'ome qi, par sa parole et par sa vie, a révélé un Dieu, en est l'incarnacion. Si l'Ome-Dieu n'est qu'une vertu personifiée, le simbole qe l'umanité adore sous le nom de Crist n'en est pas moins un idéal divin. De qelqe façon qu'on le considère, le Cristianisme est le complément de la mitologie grèqe et la négacion du monotéisme sémitiqe.

En concevant les Dieus come lois de l'univers,

la Grèce avait divinisé la raison, atribut spécial de
l'ome ; èle élevait la vertu au ciel par l'apotéose
et consacrait des temples aux héros demi-Dieus.
Mais l'antropomorfisme ne pouvait s'arèter là ;
pourquoi des demi-Dieus, pourquoi laisser la vertu
au second rang ? Le jour où la morale stoïciène dé-
clara qe rien, même dans l'Olimpe, n'était supérieure à l'ome qi done sa vie pour la justice, le
simbole de l'Ome-Dieu était conçu, il ne restait
plus q'à lui doner un corps. Le Cristianisme fut
le couronement de cette apotéose de l'umanité.
Entre les lois éternèles, dont l'acord produit l'ordre
de l'univers, et qe l'antiqité apèle les Dieus, l'ome
a sa loi propre, qi est la morale. Le devoir est sa
religion, car en faisant ce q'il doit, l'ome se relie à
l'ensemble des choses. Ce qi doit être étant la règle
de ce qi est, les Crétiens ont pu dire, après les filosofes, qe la loi de justice qi règne au-delà du
monde visible, le Dieu intérieur qe chacun porte en
soi est le seul Dieu que l'ome doive adorer. Subor-
doner toutes les axions à cète loi qi se révèle dans
la conscience, c'est ce qu'on apèle aimer Dieu par
dessus toute chose. Le culte de la justice impliqe
la lute incessante contre soi-même, le sacrifice de
toutes nos passions égoïstes au boneur d'autrui. Par
cète abnégacion sans réserve, l'ome s'unit à Dieu,
personificacion du bien. Le tipe idéal de cète vertu
suprème s'apèle l'Ome-Dieu ; c'est le modèle de
tous ceus qi prènent le nom de Crétiens.

La religion juive, seule entre toutes, se renferme
dans la vie présente sans suivre l'ome au-delà de
sa destinée terrestre : pour le cristianisme, la tère
est un séjour d'épreuve et la vie une préparacion
à l'éternité. L'escatologie crétiène associe au dogme
grec de l'immortalité de l'âme le dogme de la résu-

rexion et du jugement dernier emprunté à l'Égypte et à la Perse. La croyance à la vie d'outre-tombe, qi tient une place si importante dans la simboliqe crétiène, ne peut s'apuyer sur la Bible ébraïqe qi n'a pas d'escatologie : les Juifs sont le seul peuple matérialiste de l'antiqité. Confiant dans les promesses de son Dieu, le peuple juif se croit immortel, mais l'ome est poussière et retournera en poussière. Chez les Grecs, au contraire, l'abîme qe la mort semble creuser entre le Dieu et l'ome était comblé par l'apotéose et l'immortalité de l'âme, par le culte des héros. La religion nouvèle jetait un pont entre deus races. En échange de son Dieu uniqe, la race de Sem reçut le dogme de l'immortalité de l'âme, et ne doit pas se plaindre d'avoir perdu à ce marché. Il est vrai q'èle ne comprit pas la pensée spiritualiste de la Grèce, et ne l'accepta qe sous la forme grossière d'une résurexion des corps. Mais l'Europe crétiène n'atendit pas le jugement dernier pour invoqer les saints; en abandonant sa religion naturèle, le politéisme, èle conserva le culte des médiateurs umains, qi en est la conséqence. Quand le Cristianisme remplaça les héros par les saints, les noms seuls furent changés, les fonxions restèrent les mêmes : c'étaient toujours des protecteurs actifs et vigilants, compatissant à nos misères parceq'ils ont soufert come nous. Seulement la canonisacion des saints, qi remplaça l'apotéose, fut remise aus mains du sacerdoce.

ISLAMISME

Le véritable éritier de la pensée juive, c'est l'Islamisme, la religion moderne de la race sémitiqe. Mahomet n'a rien ajouté, sous le rapport du dogme, au monotéisme ébraïqe des derniers siècles, ni même au cristianisme embrionaire de l'Église apostoliqe, mais il a doné une forme précise à l'escatologie qi s'était introduite chez les Juifs en dépit du silence de la Bible. La résurexion et le jugement dernier, l'enfer et le paradis avaient été le tème des premières prédicacions crétiènes ; Mahomet adopta le dogme de la résurexion de la chair, qi avait fait le succès de la propagande apostoliqe. Le paradis de Mahomet resemble beaucoup au règne de mile ans des Judéo-Crétiens. Ainsi l'Islamisme représente ce q'aurait été le Cristianisme s'il s'était arèté à la première fase de son évolucion. Il est probable qe Mahomet ne l'a conu qe par qelqes débris des Églises judéo-crétiènes. Le Crist n'est pour lui ni le Fils de Dieu, ni le tipe idéal des vertus umaines, ni la victime expiatoire qi s'ofre pour la rédempsion du monde, c'est simplement un profète de Dieu. Mahomet n'opose nule part sa mission à cèle de Jésus ou des profètes antérieurs, il les reconaît tous. Il reproche aus Juifs de n'avoir pas cru à la parole de Jésus et d'avoir indignement calomnié sa mère Marie. Mais il ne veut pas croire qu'ils aient rèèlement mis à mort cet apôtre de Dieu.. « Ils disent : Nous avons mis à mort le Messie Jésus, fils de Marie, l'apôtre de Dieu. Non, ils ne l'ont pas tué, ils ne l'ont pas crucifié ; un autre individu qi lui ressemblait lui fut substitué, et ceus qi disputaient à son sujet ont été eus-mêmes dans le doute. Ils n'en avaient pas de conaissance précise, ce n'était q'une suposicion. Ils ne l'ont pas tué rèèlement, Dieu l'a élevé à lui, et Dieu est puissant et sage » (IV, 156).

Le demi cristianisme de Mahomet ressemble

beaucoup à la religion des apôtres. Cète religion sans mitologie a du succès aujourdui parmi les filosofes protestants.

Si au lieu de grandir dans la nuit des catacombes, dans les sous-sols de la Rome impériale, le Cristianisme avait pu s'épanouir librement au grand soleil de la républiqe, il n'en serait pas moins devenu la religion dominante, car il répondait à l'évolucion normale de l'antropomorfisme grec. On aurait trouvé d'anciens oracles anonçant qu'un fils de Zeus devait régner après lui come Zeus avait succédé à Cronos. La conscience umaine eût gardé sa liberté sous l'abri du politéisme, au lieu de se courber sous l'inflexible niveau de l'unité religieuse. Protégé par l'égalité républicaine, le Cristianisme n'aurait été ni exclusif ni persécuteur. L'art n'aurait pas été anéanti par la destruction des temples, la poésie et la science n'auraient pas disparu avec les livres, le monde n'aurait pas eu à déplorer la ruine de la civilisacion, et le moyen âge, avec son lugubre cortège de téocracie, de bûchers et de sacrifices umains aurait pu être évité.

Dis aliter visum. Le monde antiqe avait un crime à expier, l'esclavage ; il était juste q'il pérît par les esclaves. Les misérables qe Rome jetait en pâture aus lions de son amfitéâtre devaient remplacer les Dieus des cités libres qe le monde asservi n'était plus digne de contempler. Les images sacrées étaient dans les temples, respectées par un reste de goût artistiqe, mais le véritable Dieu de l'empire c'était l'empereur. « Ta divinité est toujours présente parmi nous », lui disaient ses gens de lètres. Puisqe la conscience des vainqeurs du monde ne s'était pas révoltée contre l'apotéose des Césars, les vaincus avaient bien le droit de chercher dans leurs rangs un plus digne objet de leur culte. Un seul peuple avait refusé son encens aux empereurs : Ses tradicions méprisées devaient détrôner les glorieus souvenirs de la Grèce et de Rome, et de son sein devait sortir le Dieu nouveau. Selon l'orgueilleuse parole d'un Juif de notre époque, ce peuple dit au monde : « Voici un homme de ma race, fais-en ton Dieu ». Puisqe l'umanité avait mis son idéal social dans la servitude, il était juste qe le gibet des esclaves devînt le simbole de la religion du genre umain.

Paris. — Typ. Chamerot et Renouard. — 36617.

ptubg

La Plume

Paraissant les 1er et 15 de chaque mois.

(10e ANNÉE)

Directeur-Rédacteur en chef : Léon DESCHAMPS

Secrétaire de la Rédaction : PAUL REDONNEL

Administration et Rédaction : 31, rue Bonaparte, Paris

PRINCIPAUX COLLABORATEURS :

Rubriques courantes : De fil en aiguille (JEAN MORÉAS), — *Arabesques* (ADOLPHE RETTÉ). — *La Parade littéraire* (MAURICE LE BLOND). — *Bibliographie* (Nous tous). — *Critique dramatique* (GEORGES ROUSSEL). — *Critique musicale* (LÉLIO). — *Critique d'art* (Y. RAMBOSSON, LÉON MAILLARD, CH. SAUNIER, HENRY EON). — *Silhouettes à l'encre noire* (PAUL REDONNEL). — *Le massacre des Amazones* (HENRI NER). — *Mouvement provincialiste* (IAN-MONGOL). — *Chronique idéaliste* (JACQUES BRIEU). — *Sociologie* (ANDRÉ VEIDAUX). — *A travers la Presse* (VADIUS). — *Correspondance étrangère : Allemagne* (AVATAR). — *Angleterre* (PAUL GOURMAND). — *Autriche-Hongrie* (WILLIAM RITTER). — *Belgique* (VICOMTE DE COLLEVILLE). — *Italie* (VITTORIO PICA). — *Russie* (PRINCE A. OUROUSOF). — *Suisse* (PHILIP JAMIN). — *Intérim* (LÉON DESCHAMPS).

Articles divers : ARSÈNE ALEXANDRE, MAURICE BARRÈS, HENRY BECQUE, A. BÉVYLLE, ÉMILE BLÉMONT, SAINT-GEORGES DE BOUHÉLIER, ARMAND BOURGEOIS, JULES BOIS, RENÉ BOYLESVE, JEAN CARRÈRE, F.-A. CAZALS, DAUPHIN MEUNIER, HENRY DETOUCHE, MAURICE DU PLESSYS, LÉON DUROCHER, GEORGES FOUREST, ALPH. GERMAIN, TH. GESLAIN, JEAN GRAVE, CH. GUINOT, J.-K. HUYSMANS, TRISTAN KLINGSOR, LA FORGUE, ALBERT LANTOINE, CAMILLE LEMONNIER, JEAN LORRAIN, MAURICE MAGRE, S. MALLARMÉ, CH. MAURRAS, STUART MERRILL, JEAN MORÉAS, ERNEST RAYNAUD, G. DE RAULIN, HUGUES REBELL, LÉON RIOTOR, RÉMY SALVATOR, E. SIGNORET, RAYMOND DE LA TAILHÈDE, OCTAVE UZANNE, PAUL VÉROLA, AUG. GILBERT DE VOISINS, OSCAR WILDE, WILLY. etc.

Pour les illustrations : PIERRE BONNARD, PAUL BERTHON, HENRY BOUTET, J. CHÉRET, HENRY DETOUCHE, ANDHRÉ DES GACHONS, EUGÈNE GRASSET, HERMANN PAUL, JOSSOT, LÉON LEBÈGUE, ALPH. LÉVY, F. MARÉCHAL, MARC MOUCLIER, A. MUCHA, GASTON NOURY, A. OSBERT, R. RANFT, ARMAND RASSENFOSSE, FÉLIX RÉGAMEY, LOUIS RHEAD, EDMOND ROCHÉR, FÉLICIEN ROPS, J. SATTLER, H. DE TOULOUSE-LAUTREC, JULES VALADON et ADOLPHE WILLETTE.

ABONNEMENTS : Édition japon : **60** fr.; vélin : **25** fr.

(Ces éditions comprennent en plus de l'édition ordinaire une estampe encartée dans chaque fascicule.)

Édition ordinaire : France, **12** fr.; Étranger, **15** fr.; le Numéro, **60** c.

Paris. — Typ. Chamerot et Renouard. — 30617.

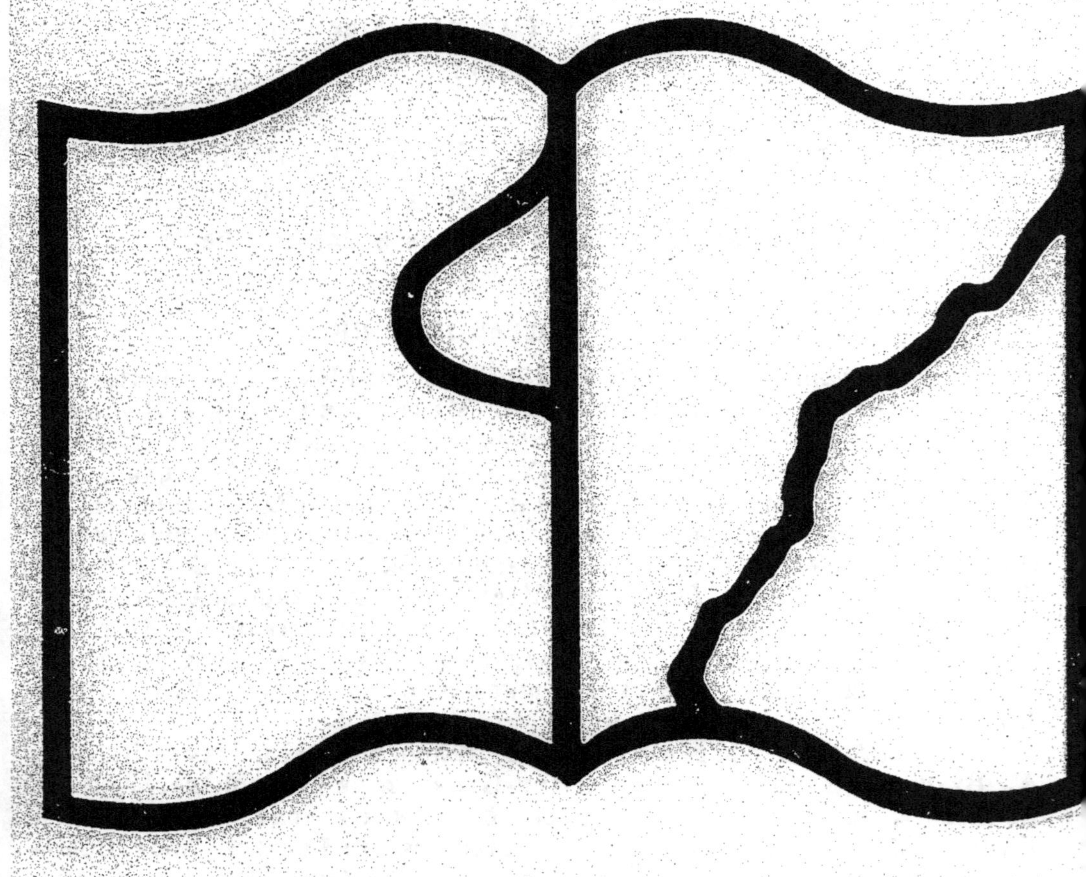

Texte détérioré — reliure défectueuse

NF Z 43-120-11

Contraste insuffisant

NF Z 43-120-14

www.ingramcontent.com/pod-product-compliance
Lightning Source LLC
Chambersburg PA
CBHW071413030726
47594CB00006B/2427